ANALIZA KSIĄŻKI

AF142100

Zamek

. . . .

Franz Kafka

ANALIZA KSIĄŻKI

Napisany przez Vincent Guillaume
Przetłumaczony przez Kâmil Kowalski

Zamek

· ·

Franz Kafka

FRANZ KAFKA

NIEMIECKOJĘZYCZNY POWIEŚCIOPISARZ I AUTOR OPOWIADAŃ

* **Urodził się w Pradze w 1883 r.**

* **Zmarł pod Wiedniem w 1924 r.**

* **Godne uwagi prace:**

* *Metamorfoza* (1915), opowiadanie

* *The Trial* (1925), powieść

* *Zamek* (1926), powieść

Franz Kafka (1883-1924), bez wątpienia jeden z największych pisarzy XX wieku, jest pisarzem złożonym: jego dzieła wywołują wiele komentarzy i interpretacji. Jego teksty odzwierciedlają mianowicie wyobcowanie współczesnego człowieka, tajemnicze, a zarazem nieubłagane siły społeczne, które rządzą jego egzystencją, a także jego daremne poszukiwanie odpowiedzi w niezrozumiałym świecie.

Kafka, niemieckojęzyczny Żyd, mieszkający w Pradze, musiał pisać w nocy, gdyż w dzień musiał pracować w biurze. Sukces odniósł pośmiertnie, gdy po śmierci na gruźlicę w 1924 roku jego pisma zyskały na popularności. Wśród nich najbardziej znane są *Metamorfozy* (1915) i *Proces* (1925).

ZAMEK

OPOWIEŚĆ O BEZNADZIEJNYM
– ACZ UPARTYM – POSZUKIWANIU SENSU

- **Gatunek:** powieść

- **Wydanie referencyjne:** Kafka, F., (2009). *Zamek*. Trans. Bell, A. New York: Oxford University Press.

- **Pierwsze wydanie:** 1926

- **Tematyka:** poszukiwanie sensu, wieloznaczność, niepewność, odrzucenie, zmagania, walka, włóczęgostwo

Pisany od stycznia do września 1922 roku i opublikowany w 1926 roku *Zamek* jest trzecią i ostatnią powieścią Kafki. Niedokończona, kończy się nagle w ostatnim rozdziale. Opowiada historię geodety K. od momentu jego przybycia do wsi, w której chce się osiedlić. K. znajduje się na odludziu, w zaśnieżonej krainie, walcząc z nierozerwalną administracją osadzoną w nieosiągalnym zamku.

Zamek można odczytywać jako metaforę ludzkiego życia, które jest upartym, a zarazem beznadziejnym poszukiwaniem sensu. Poprzez swoją niejednoznaczność, odzwierciedlającą świat, który opisuje, tekst opiera się wszelkim próbom redukcyjnej interpretacji.

STRESZCZENIE

ROZDZIAŁY 1-2

K., który właśnie przybył do wsi, pojawia się w karczmie i przedstawia się jako mierniczy wynajęty przez właściciela zamku (hrabiego Westa). Spotyka się z nieufnością. Następnego dnia idzie w kierunku zamku przez zaśnieżoną wieś i wyczerpuje się, bo droga nie ma końca, a zamek wydaje się nie zbliżać.

Przyprowadzony przez wieśniaka do gospody K. spotyka tam swoich asystentów, Artura i Jeremiasa. Posłaniec przekazuje mu list z instrukcjami, wysłany przez jego przełożonego, Klamma. K. dogłębnie studiuje ten list. Spaceruje przez chwilę z posłańcem Barnabą, ale jest rozczarowany, że ten nie wraca do zamku. Szukając pretekstu do wyjścia, towarzyszy Oldze, siostrze Barnaby, która idzie do najbliższej gospody.

ROZDZIAŁ 3

W nowej gospodzie (Zamkowa), zarezerwowanej dla panów z zamku, K. pyta kelnerkę Friedę, czy zna Klamma. Ona pokazuje mu wizjer, przez który widzi ciężkiego mężczyznę siedzącego przy stole; następnie mówi mu, że jest kochanką Klamma. Rozmawiają. Frieda wyprowadza klientów, a po wyjściu karczmarza spotyka się z K. pod ladą i kochają się.

ROZDZIAŁY 4-7

Po powrocie z Friedą i asystentami do pierwszej gospody (Gospoda na Moście), K. otrzymuje wizytę od gospodyni, Gardeny, która chce się upewnić, że będzie dobrze traktował Friedę. Zirytowany K. udaje się do rady parafialnej. Od burmistrza dowiaduje się, że rzeczywiście został zatrudniony, ale że to prawdopodobnie pomyłka: zamek nie potrzebuje geodety. K. uważa, że te przydługie wyjaśnienia na temat dochodzeń, kontroli i wymiany między wydziałami, które rządzą ludzkim życiem, są śmieszne. Czuje się odrzucony przez wieś, ale burmistrz uspokaja go: dopóki jego sytuacja pozostaje niejasna, jego status jest chroniony.

W gospodzie K. odbywa kolejną rozmowę z Gardeną, która pokazuje mu zdjęcie posłańca, przez który Klamm wezwał ją po raz pierwszy. K. zauważa, jak bardzo Klamm wpłynął na jej życie. W swoim pokoju zastaje nauczyciela, który na polecenie burmistrza proponuje mu posadę woźnego w szkole. K. najpierw odmawia, ale potem, gdy Frieda błaga go, by się zgodził, bo właśnie usłyszała, że Gardena ma zamiar go wyrzucić, w końcu się zgadza.

ROZDZIAŁY 8-9

W gospodzie zamkowej K. próbuje dostać się do Klamma, ale przeszkadza mu Pepi, zastępujący Friedę. Ponieważ usłyszał, że Klamm ma opuścić zajazd, wybiega na dziedziniec. Czeka długo, na mrozie, obok sań. Widzi go jakiś mężczyzna i prosi, by poszedł za nim, bo człowiek, na którego czeka, nie zamierza się pojawić. K. jest zaniepokojony, ale nie chce się ruszyć.

Mężczyzna każe woźnicy wyprzęgnąć konie i powoli odchodzi, jakby chciał dać K. drugą szansę.

K. wraca do baru w gospodzie, gdzie czekają na niego Gardena, Pepi i człowiek, który nazywa się Momus i jest sekretarzem Klamma. K. będzie mógł mieć administracyjny kontakt z Klammem, jeśli odpowie na pytania Momusa, ale na pewno nie będzie mógł się z nim spotkać (jest to zupełnie niemożliwe). Klamm wydaje się zbyt nieosiągalny dla K., który nie wiąże z nim już żadnych nadziei. Odchodzi, zaskakując tym samym wszystkich.

ROZDZIAŁY 10-14

W drodze powrotnej K. natyka się na Barnabę, który przynosi mu wiadomość od Klamma. K., przeczytawszy ją, stwierdza, że musi być jakaś pomyłka, bo zachęca go do dalszej dobrej pracy. Przybywając do szkoły, w której spędzi noc, K. wyłamuje drzwi drewutni, by zebrać drewno na ognisko, bo jest tak zimno. Rozmawia z Friedą o asystentach, których chciałby odesłać. Następnego dnia rano są nękani przez dwóch nauczycieli, którzy rozwścieczeni żądają informacji, kto wyłamał drzwi drewutni. Słysząc, że był to K., zwalniają go na miejscu. K. odmawia jednak odejścia bez oficjalnego zwolnienia przez burmistrza.

Nauczyciel właśnie wyszedł, gdy K. zwalnia swoich asystentów za to, że na niego donieśli. Zostaje sam z Friedą. Odwiedza ich uczeń, młody Hans Brunszwik, który oferuje swoją pomoc i długo z nimi rozmawia. K., zainteresowany związkiem z rodziną, oferuje pomoc chorej matce. Wkrótce Frieda mówi mu, że widzi w nim to, przed czym Gardena ostrzegała ją podczas rozmowy z młodym Hansem: że uwiódł ją tylko po to, by móc targować się z Klammem. K. uspokaja ją i usprawiedliwia się. Później odwiedza Barnabę, którego nie ma w domu, ale jego siostra Amalia zaprasza K. do siebie.

ROZDZIAŁ 15

Wzięty na bok przez Olgę, K. dowiaduje się o historii rodziny Barnaby i o tym, jak musiał czekać godzinami, czasem dniami, zanim otrzymał list. Ale nie miał wyboru. Trzy lata wcześniej Amalia odrzuciła zaloty Sortiniego, pracownika z zamku, i obraziła jego posłańca. Od tego czasu rodzina popadła w niełaskę, straciła klientelę i przyjaciół. Nie była to jednak kara: ludzie z zamku po prostu trzymali się z daleka, by nie być w to zamieszani. Ojciec Barnaby błagał zamek o przebaczenie, ale spotkał się tylko z niezrozumieniem, bo tak naprawdę nie wszczęto przeciwko nim żadnego postępowania.

Olga przejęła inicjatywę, zaprzyjaźniając się ze służbą w celu ponownego znalezienia posłańca Sortiniego. Słysząc ich rozmowę o nieoficjalnym sposobie zostania posłańcem na zamku (czyli pójścia tam i czekania na okazję), wspomniała o tym Barnabasowi, który spróbował szczęścia. K. dowiaduje się, że dwa listy, które były zaadresowane do niego, to jedyne listy, jakie Barnaba kiedykolwiek miał dostarczyć. Odchodzi po tym, jak Amalia przegania jednego z jego asystentów, który szukał go na prośbę Friedy.

ROZDZIAŁ 16

Na ulicy K. widzi swojego pomocnika Jeremiasa. Artur jest na zamku i składa skargę na K., ponieważ K. nie potrafił docenić wybryków, które musieli wykonywać, aby go zabawić. Słysząc to, K. odpowiada, że o nic nie prosił. Następnie dowiaduje się, że Jeremias i Frieda zostali zatrudnieni w gospodzie zamkowej. Frieda opuściła go, ponieważ udał się do Barnaby. Przybywa Barnaba i mówi mu, że Erlanger, jeden z pierwszych sekretarzy Klamma, prosił o jak najszybsze spotkanie z K.

ROZDZIAŁY 17-19

K. jest prowadzony przez salę z wieloma drzwiami prowadzącymi do małych pokoi dla sekretarek. Erlanger wydaje się spać. K. zauważa Friedę i idzie z nią porozmawiać. Wezwana przez Jeremiasa Frieda, choć wydaje się zadowolona z rozmowy z K., spieszy się, by się nim zająć (były asystent K. przeziębił się). Zabrania K. widzieć się z nią ponownie.

Pozostawiony sam sobie K. zdaje sobie sprawę, że jest wyczerpany. Szuka drzwi Erlangera, otwiera je i natrafia na Bürgela, gadatliwego sekretarza, który mówi, żeby znowu zasnąć, i wspomina o nocnych audiencjach i niewyobrażalnej możliwości spotkania tam sekretarza, który mógłby mieć jakieś obowiązki w tej sprawie, co byłoby cenną pomocą. K., zamiast słuchać uważnie, zasypia. W ten sposób traci okazję. Z sąsiedniego pokoju woła go Erlanger. Każe K. zorganizować powrót Friedy do pracy jako kelnerki, aby Klamm nie był zmartwiony zmianą, po czym wychodzi.

Rozpoczyna się dzień sekretarek: K. podąża za dwiema służącymi, które rozdają akta. Drzwi sali są w ciągłym ruchu, a sekretarki generują wiele problemów. Przyjeżdżają gospodarz i gospodyni i zabierają K. z nieznośnego zgiełku: był obcym, przeszkadzającym elementem, który musiał odejść, żeby oszczędzić sekretarki. K., wciąż wyczerpany, usprawiedliwia swoje zachowanie zmęczeniem.

ROZDZIAŁ 20

Po przebudzeniu K. słucha wyrzutów Pepiego: z powodu jego naiwności i intrygi Friedy wszystkie nadzieje i wysiłki Pepiego, by zostać kelnerem, poszły na marne. Mimo to czuje się z nim blisko, bo jej zdaniem oboje zostali zdradzeni. Zaprasza go, by zamieszkał z nią i jej dwiema koleżankami, i by był ich opiekunem.

STUDIUM POSTACI

K., GEODETA (...)

Mający około trzydziestu lat, ubrany w łachmany, posiadający jedynie "mały plecak" (s. 7) i kij, K. udaje, że długo podróżował, poświęcił się, zostawił żonę i dziecko. Przyjeżdża do wsi z zamiarem pozostania w niej, mimo wszystkiego, co się dzieje. K. jest człowiekiem upartym, który wydaje się być gotowy na wszystko, aby osiągnąć swój cel:

- Czując, że jego twarzowi asystenci spowalniają go i sprawiają, że traci kontrolę, traktuje ich bardzo niegrzecznie;

- Naraża się na wyzysk i upokorzenie (nie znosi utraty orientacji, jak wtedy, gdy zostaje woźnicą, ale potrafi znów stanąć na nogi);

- Rozpoczyna związek z Friedą, prawdopodobnie dlatego, że czuje niejasną wyższość nad nią. Uważał ją za kogoś godnego szacunku, gdy była kochanką Klamma, ale gdy wykrzykuje temu ostatniemu, że jest teraz z geodetą, zmienia zdanie: "Czego mógł oczekiwać od Friedy teraz, gdy wszystko zostało ujawnione?" (p. 40). Jednak ona nadal jest dla niego cenna, może dlatego, że kto raz został wezwany przez Klamma, ten nigdy nie traci tej rangi (dixit Gardena, w rozdziale 6). Odnalazłszy Friedę, chwyta ją, jakby chciał odzyskać swoje "posiadanie" (s. 215).

Problem w tym, że K. nie myśli tak jak ludzie w wiosce i na zamku. Bywa zaskoczony lub myli się i wydaje się, że przez większość czasu nie udaje mu się to, co próbuje zrobić. Do swoich słabości przyznaje się jednak tylko wtedy, gdy potrafi wyciągnąć z nich nowe wnioski i nie wydaje się wytrącony z równowagi. Frank jest więc jednocześnie bardzo szczery, bardzo manipulacyjny i bardzo naiwny (połączenie, które zdaje się mocno irytować Gardenę).

Ale w szczerość K. też można wątpić (np. skąd pochodzi, czy naprawdę był żonaty, skoro nie waha się zaręczyć z Friedą zaraz po przybyciu do wsi?). Może też nie jest do końca szczery wobec siebie, bo przekonanie o prawdziwości swoich myśli jest dla niego równie potrzebne, jak uznanie swoich wad i postęp.

Wymowne jest również imię wybrane przez autora na oznaczenie tej postaci. Nadając mu imię z literą, podważa już jego tożsamość, podczas gdy on sam próbuje znaleźć miejsce w wiosce i zostać tam zaakceptowany.

FRIEDA

Niska, skromna blondynka, która nie jest specjalnie piękna, ma w oczach "zaskakujący wyraz świadomej wyższości" (s. 35). Gardena i Pepi twierdzą, że jest ambitna. Na pozór zimna i zdystansowana, swoją dumę i arogancję czerpie z faktu, że jest kochanką Klamma. Jednak gdy już jest z K., zmienia się w niezwykle troskliwą i kochającą partnerkę, która wspiera i pociesza go najlepiej jak potrafi. Stwierdza, że jej największą szansą na szczęście byłoby pozostanie z nim.

Chroniona przez uwielbiającą ją Gardenę (Frieda pracowała u niej, zanim przeniosła się do bardziej prestiżowej Castle

Inn), pozostaje wierna K., nawet gdy ten ją odsyła. Nie wiadomo jednak, dlaczego zostawiła Klamma (i swoją pracę) dla K., ani dlaczego później zostawia K. dla Jeremiasa:

- Według Pepi jest manipulantką i chciała wywołać skandal, wiążąc się z K., a następnie zostawiając go w odpowiednim momencie, aby ludzie zapamiętali, jak to jest być kochanką Klamma;

- Według K. odeszła po prostu dlatego, że ją zaniedbywał i że nie potrafił zmienić swojego postępowania;

- Według samej Friedy, to głównie dlatego, że K. spotyka się z Barnabą, opuściła go;

- Do tego wszystkiego z pewnością czuła się wykorzystywana przez K.

- Pepi opisuje Friedę jako bardzo skrytą, nigdy nie dającą poznać swojego cierpienia w niekorzystnych okolicznościach – może dlatego, że sama przed sobą też się do tego cierpienia nie przyznaje.

KLAMM

Klamm jest nieuchwytnym przełożonym K., człowiekiem, którego K. desperacko próbuje spotkać i który stale mu się wymyka. Gardena wyjaśnia, że jeśli Klamm nie chce się z kimś spotkać, to nigdy się z tą osobą nie spotka. Nie rozmawia z nikim w wiosce.

Podobnie jak inni pracownicy, Klamm przywołuje do siebie kobiety, które następnie stają się jego kochankami. Kobiety te są wówczas naznaczone na zawsze. Tak jest w przypadku Gardeny, która wspomina to jako ogromny zaszczyt, po którym następuje rozczarowanie, ponieważ została wezwana tylko trzy razy. Plotka głosi, że jest on niezwykle wrażliwy na ludzi, którym odmawia widzenia, że jest marzycielem, a także, że jest bardzo niegrzeczny. Ale, jak mówi Olga w rozdziale 15, nie ma nikogo, kto naprawdę wie, co on myśli.

ASYSTENCI

Artur i Jeremias są szybcy i obrotni, bezużyteczni, a nawet niekompetentni (nie wiedzą nic o geodezji). Są tak bardzo podobni (w oczach K., nie mieszkańców wsi), że K. postanawia uznać ich za jedną całość. Przydzieleni do geodety, rzekomo po to, by pomóc mu w pracy, okazują się, że ich misja, nadana im przez przedstawiciela Klamma, polegała głównie na tym, by go zabawić i sprawić, by nie brał wszystkiego (a zwłaszcza siebie) zbyt poważnie.

Po zwolnieniu przez K. stają się znowu osobnymi ludźmi. Artur jest bardziej wrażliwy, a Jeremias – który według niego wygląda na dużo starszego i zmęczonego, bo znów jest sam – niczego się nie obawia, bo nie jest już na służbie. Według Friedy (która jest jej przyjaciółką z dzieciństwa), tylko dlatego odważył się zabrać ją od K. K. uznaje, że nie docenił swoich asystentów, tym bardziej, że Frieda ostrzegała go, że wydają się być nią zainteresowani.

BARNABA

Jest młodym synem odrzuconej przez wszystkich (choć niegdyś szanowanej) rodziny. Opisywany przez siostrę Olgę jako najbardziej niewinny, publiczne potępienie nie dotyczy go aż tak bardzo, ale to właśnie jego imię służy do nazwania rodziny.

Chociaż jest czeladnikiem szewca, musi jednak poświęcić wiele czasu na działalność posłańca, ze względu na honor przypisany temu stanowisku. Zapewnia łączność między K. a zamkiem, ale w sposób rozpaczliwie nieoficjalny:

- Nie otrzymał jeszcze swojego munduru;

- Nie wie, czy jest naprawdę akceptowany, a jeśli jest, to gdzie w hierarchii stoi;

- Nie wie, czy dostarczane przez niego listy są rzeczywiście od Klamma;

- Nie wie, czy Klamm pracuje na zamku, czy w biurze.

Bardzo wrażliwy, Barnaba ma problemy ze snem i zaczyna spóźniać się do pracy, gdy K. jest niezadowolony, ale, dbając o pozory, nie pozwala sobie na okazywanie uczuć.

Na pozór dyskretny, inteligentny i nienaganny, K. natychmiast go lubi. Jednak gdy tylko uświadamia sobie, że Barnaba nie rozumie jego niewypowiedzianego życzenia i sprowadził go do siebie, a nie do zamku, widzi w nim tylko nieładnego, a nawet kompromitującego lokaja: czuje, że wejście do tego domu było błędem.

AMALIA

Zewnętrznie zdystansowana i dominująca, choć zwykle spokojna, według Olgi to ona kieruje rodziną, mimo że jest najmłodsza (opiekuje się też przykutymi do łóżka rodzicami). Jednak to ona jest przyczyną ich upadku z łask: oburzona tonem listu Sortiniego, pozostała na niego wściekła i nie ugięła się przed jego życzeniami, bo według Olgi nie boi się ani o siebie, ani o innych.

ANALIZA

NIEZNAJOMY, KTÓRY JEST Z NATURY NIEMILE WIDZIANY

K., który najwyraźniej został wezwany do wsi przez pomyłkę, jest tam wyraźnie niemile widziany:

- Zaraz po przybyciu ktoś o nazwisku Schwarzer żąda, by opuścił teren, bo z pewnością nie ma pozwolenia na pobyt w tym miejscu: administracja go odrzuca, Klamm oczywiście nie chce się z nim widzieć, a on sam nigdy nie będzie miał dostępu do zamku;

- Zdaniem nauczyciela zamek nie potrzebuje geodety tak samo jak szkoła nie potrzebuje woźnego;

- Gardena tłumaczy mu, że jako obcy jest niczym, jeśli nie jest zbędny, denerwujący i zawsze przeszkadza;

- Ostatecznie jedynymi osobami gotowymi go przyjąć są osoby znajdujące się na dole drabiny społecznej (rodzina Barnaby, Pepi i pokojówki).

W konsekwencji K. jawi się jako ktoś bez korzeni, szukający domu, rodzaj "wędrującego Żyda", którego wszyscy traktują z nieufnością. Pyta: "Co mogło mnie zwabić do tej opustoszałej części kraju, oprócz tęsknoty za pozostaniem tutaj?" (p. 122). Ten paradoks zdaje się potwierdzać, że K. nie przyjechał tylko po to, by znaleźć bezpieczną przystań. Od początku wie, że aby osiągnąć swoje cele, będzie musiał walczyć, do tego stopnia, że sam zdaje się szukać walki. Kiedy Schwarzer otrzymuje wezwanie, które uniemożliwia mu wyrzucenie K., K. myśli, że musi to wynikać z tego, że zamek wie o nim wystarczająco dużo i "[zamek] [przyjmował] radośnie jego wyzwanie" (s. 8).

Ostateczny cel nie jest więc jego jedynym celem: K. lubi też być uparty, zawzięty, przebiegły i wytrącić z równowagi przeciwnika, o którym wie, że jest od niego potężniejszy. Anegdota o jego dzieciństwie, w którym wspiął się na wysoki mur tylko po to, by wygrać, jest wystarczająco odkrywcza. Często też pokazuje, że jest gotowy na zwarcie hierarchii i nie waha się uznać swojej niewiedzy za zaletę, gdyż osoba, która nie wie, jest bardziej śmiała i chętniej ponosi konsekwencje swoich błędów "dopóki [jej] siły na to pozwalają "(s. 52).

K. próbuje także przeciwstawić się zamkowi, tak jakby od tego zależał sens jego życia. Niestety dla niego, nie ma żadnych dowodów na to, że zamek z kolei uważa go za wroga. Schwarzer skonfrontował się z K. jedynie w sposób formalny, a słynna wrażliwość Klamma wobec obcych wiąże się z jego marzycielskim charakterem, który można uznać również za formę indolencji, oderwania od podstawowych realiów życia, odzwierciedlając w ten sposób bezosobową organizację, która nie dba o K. i utrzymuje jego sytuację w stanie nieokreślonym.

NIEPEWNOŚĆ I ZMIENNOŚĆ

Od Barnaby, którego K. nagle uznaje za niewyszukanego i nieciekawego, po Jeremiasa, który wydaje się być zupełnie inną osobą, gdy tylko przestaje być zatrudniony przez K., nic w *Zamku nie* jest ustalone, ostateczne ani pewne: wszystko się zmienia i istnieją tylko pozornie zwodnicze pozory. Mówimy "pozornie", ponieważ jedną z cech Kafki, jeśli *chodzi o wszystko*, co jest zagmatwane lub niespójne – czy to, w przypadku *Zamku*, niepokojące procedury administracyjne, czy też zmieniający się, w zależności od perspektywy, aspekt osób, faktów i pojęć – jest pozostawienie otwartej możliwości racjonalnego wyjaśnienia (na przykład, być może nadmuchanych pogłosek), nie zapobiegając przy tym utrzymywaniu się tajemnicy.

Wiele z tych odmian jest w jakiś sposób związanych z zamkiem i/lub jego administracją (na przykład gospodarstwo domowe Barnaby jest prawdopodobnie niesmaczne, ponieważ wydaje mu się nędzne i odległe od zamku). Wydaje się, że im bliżej zamku, tym rzeczy stają się mniej jasne. I tak, oficjalnemu wyobrażeniu, zgodnie z którym "Nie ma różnicy między miejscową ludnością a zamkiem" (s. 12), przeczy gigantyczny wpływ i nieosiągalna istota panów z zamku, a jednak tym elementom przeczą z kolei maleńkie pokoje, w których mieszkają sekretarze.

Inne przykłady to:

- Frieda: K. ma wrażenie, że w jego ramionach i z dala od Klamma "więdnie" (s. 121), a później Pepi mówi mu, że to bycie kochanką Klamma czyni ją ładną;

- Klamm: według Olgi, choć jego wygląd jest we wsi widokiem znajomym, zawsze wydaje się inny, kiedy przyjeżdża od kiedy wyjeżdża, kiedy śpi od kiedy jest obudzony, a co ważniejsze, "że na górze w zamku wygląda prawie zupełnie inaczej" (s. 156). Ten portret, będący wynikiem kilku świadectw, potęguje niematerialność postaci;

- Sam zamek: z początku jest to rozległy zlepek budynków, czasem dwupiętrowy, z jedną tylko wieżą. K., najpierw pocieszony w swych oczekiwaniach, potem rozczarowuje się: zamek jest właściwie małym miastem, składającym się z domów wsi, a wieża, pokryta bluszczem, jest wieżą prywatnego domu.

Niezrozumiały aspekt wszystkiego, co związane z zamkiem, zdaje się wskazywać na interpretację, zgodnie z którą kondycja ludzka jest czymś tajemniczym, a to, do czego dążymy, na zawsze pozostanie poza naszym zasięgiem.

POWIEŚĆ ALEGORYCZNA?

Przy pierwszym wydaniu *"Zamku"* Max Brod (izraelski pisarz pochodzący z Czech, 1884-1968), dawny przyjaciel Kafki, napisał w posłowiu, że opowiadanie jest bardzo wyraźnie alegoryczne, co wpłynęło na odbiór dzieła. Według Broda, który zaproponował kilka interpretacji religijnych, zamek reprezentuje boskie miłosierdzie, cel każdego wysiłku K.. Dla innych zamek przypomina państwo, które rządzi życiem jednostek w sposób bezosobowy, przy pomocy nieprzeniknionej biurokracji.

Według badacza Michaela Müllera zamek może być niczym więcej niż tym, co zostało opisane w opowieści: "biurokratyczną, labiryntową, bezwładną maszyną [...], której należy odmówić nawet miana ‚instancji'" (Müller M., "Das Schloß", w Jagow B. von i Jahraus O., *KafkaHandbuch. Leben – Werk – Wirkung*, Göttingen, Vandenhoeck & Ruprecht, 2008, s. 518-529).

Zgodnie z jego interpretacją (już autobiograficzną, a więc poniekąd alegoryczną, gdyż Kaka użyłby historii K. do przedstawienia swojego życia tak, jak on je widzi), K. jest podobny do Kafki w tym, że musi najpierw zbudować przeciwstawną instancję (zamek uważa za wroga, którego trzeba pokonać), aby zdefiniować siebie i osiągnąć cele, które sobie przypisuje, tak jak Kafka potrzebował do pisania swojego despotycznego ojca, Hermanna. K. podejmuje proces twórczy, niemal artystyczny, a jednocześnie desperacki (z powodu utrzymującej się wokół niepewności).

Jednak tekst kafkowski nie jest ani łatwy do wyjaśnienia, ani wyczerpujący. Nawet jeśli ścisła lektura *Zamku* jest pozycją, którą można obronić, w końcu jest równie redukcyjna jak interpretacja alegoryczna. Tekst pozostaje otwarty na wszystkie możliwości, przez co prawdopodobnie omija intencję autora.

DALSZA REFLEKSJA

KILKA PYTAŃ DO PRZEMYŚLENIA...

* Jaki jest Twoim zdaniem efekt nieosiągalności sekretarza Bürgela, który jest petentem jak K. (rozdział 18)?

* Porównaj K. do Meursaulta, bohatera powieści *Nieznajomy* Alberta Camusa (pisarz francuski, 1913-1960).

* Co sądzisz o tym, że Frieda traci swoją urodę, gdy jest z dala od Klamma?

* Czy uważasz, że przydzielenie Barnaby jako posłańca K. wynika z przypadku?

* Porównaj biurokracje przedstawione w *Zamku* i *Procesie* (1925), drugiej niedokończonej powieści Kafki?

* Podaj przykłady, w których K. zdaje się być świadomy znikomości swoich wysiłków i/lub celu, w twoim mniemaniu, co one oznaczają?

* Jak zinterpretowałbyś legendarną wrażliwość pracowników zamku?

* Podaj przykłady momentów, w których biurokracja wydaje się obojętna, a także innych, w których zdaje się miażdżyć ludzi pod swoją żelazną pięścią.

DALSZE CZYTANIE

WYDANIE REFERENCYJNE

KAFKA, F. (2009). *Zamek*. TRANS. BELL, A. NEW YORK: OXFORD UNIVERSITY PRESS.

BADANIA REFERENCYJNE

CAMUS, A. (1942). L'ESPOIR ET L'ABSURDE DANS L'ŒUVRE DE FRANZ KAFKA. *Le Mythe de Sisyphe*. PARIS: GALLIMARD.

MÜLLER, M. (2008). DAS SCHLOSS. IN: JAGOW, B. VON AND JAHRAUS, O. *Kafka-Handbuch. Leben – Werk -Wirkung.* GÖTTINGEN: VANDENHOECK & RUPRECHT.

Chcemy usłyszeć od Ciebie, co się dzieje!
Zostaw komentarz na temat swojej internetowej biblioteki
i podziel się swoimi ulubionymi książkami w mediach społecznościowych!

Dlaczego warto wybrać Must Read?

Dowiedz się wszystkiego, co musisz wiedzieć o książce dzięki naszym zwięzłym i dogłębnym streszczeniom i analizom!

Odkryj to, co najlepsze w literaturze w zupełnie nowym świetle!

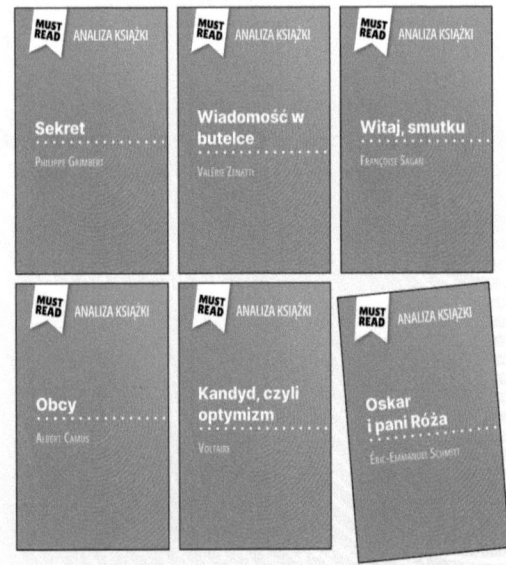

Wydawca zapewnia o wiarygodności publikowanych informacji, co jednak nie może wiązać się z jego odpowiedzialnością.

www.50minutes.com

Master ISBN: 9782808695312
Papierowy ISBN: 9782808616713
Depozyt prawny: D/2023/12603/1951

Verhaal: © Primento

Projekt cyfrowy: Primento, cyfrowy partner wydawców.